PUBLICATIONS DU PANTHÉON BIOGRAPHIQUE UNIVERSEL.

NOTICE BIOGRAPHIQUE

SUR

M. GARNOT

(PIERRE-NICOLAS),

DÉPUTÉ DE LA COLONIE DE SAINT-DOMINGUE A LA CONVENTION NATIONALE,
ANCIEN ADMINISTRATEUR GÉNÉRAL DE LA LOTERIE.

EXTRAIT
DU PANTHÉON BIOGRAPHIQUE UNIVERSEL.

Rédacteur en chef :
E. PERRAUD DE THOURY.

Directeur-Gérant :
ALBÉRIC DE BUSNES.

Prix : 1 fr. 25 c.

PARIS.
AU BUREAU DU PANTHÉON BIOGRAPHIQUE UNIVERSEL,
15, RUE DE LAVAL.

1851.

Ln 27 8267

NOTICE BIOGRAPHIQUE

SUR

M. GARNOT

(Pierre-Nicolas),

DÉPUTÉ DE LA COLONIE DE SAINT-DOMINGUE A LA CONVENTION
NATIONALE, ANCIEN ADMINISTRATEUR GÉNÉRAL
DE LA LOTERIE.

EXTRAIT DU PANTHÉON BIOGRAPHIQUE UNIVERSEL.

RÉDACTEUR EN CHEF :
M. E. PERRAUD DE THOURY.

Directeur-Gérant :
ALBÉRIC DE BUSNES.

Prix : 1 fr. 25 c.

PARIS,
AU BUREAU DU PANTHÉON BIOGRAPHIQUE UNIVERSEL,
RUE DE LAVAL, 13.

1851.

Impartialité, Vérité, Justice.

Montmartre.—Imp. Pilloy frères et Comp.

M. GARNOT

(Pierre-Nicolas),

DÉPUTÉ DE LA COLONIE DE SAINT-DOMINGUE A LA
CONVENTION NATIONALE, ANCIEN ADMINISTRATEUR
GÉNÉRAL DE LA LOTERIE.

NÉCROLOGIE.

M. Garnot (Pierre-Nicolas), à la mémoire duquel nous consacrons cette notice, naquit à Sézanne (Marne), le 16 décembre 1757, d'une famille ancienne et honorable, dont plusieurs membres s'étaient distingués dans la magistrature et les emplois publics. Son père était notaire à Sézanne, et M. Garnot n'avait que deux ans lorsqu'il le perdit; deux ans après, sa mère mourut aussi, laissant quatre pauvres petits malheureux enfants, dont l'aîné n'avait que six ans, orphelins de père et de mère.

A la mort de Mme Garnot, qui était une demoiselle Royer, ses frères et ses sœurs se disputèrent le soin de se charger de ses malheureux enfants; l'un d'eux même, M. Royer, notaire à Sézanne, poussa le dévouement à la famille jusqu'à faire abnégation de lui-même, et bien que doué de toutes les qualités physiques et de position qui pouvaient lui faire espérer un avantageux mariage, il résolut de rester célibataire afin de pouvoir se consacrer tout entier aux malheureux enfants de sa sœur.

Dans le pieux partage que la famille fit de ces pauvres enfants, M. Garnot, dont il est ici question, échut à son oncle, M. Royer, subdélégué général et premier secrétaire de l'intendant de Normandie. C'est chez lui, à Rouen, qu'il fut élevé; il trouva là les soins, l'affection et la tendresse paternelle; son oncle et sa tante ne firent pas la moindre différence entre lui et leur propre enfant, et ils furent toujours pour lui de tendres et bien affectueux parents.

Ils le placèrent à Paris, à Sainte-Barbe, où il fit ses études; là, il fit des connaissances qu'il retrouva dans le cours de sa vie.

Ses études terminées, son oncle, qui le destinait au notariat, lui fit faire son droit; en même temps qu'il le faisait travailler dans l'étude d'un notaire de Paris; mais cette honorable et grave carrière ne convenait pas à l'ardeur, à la fougue du jeune homme : il fallait à son activité, à son besoin de mouvement, une position qui le mit à même de déployer toute la vie que Dieu avait mise en lui. Il étouffait dans un cabinet, il n'était pas assez vaste pour contenir tout l'air dont il avait besoin. Il aurait voulu embrasser la carrière militaire, mais alors elle ne présentait pas assez de chances de succès ; la famille s'y opposa, mais elle comprit qu'elle ne pouvait le laisser dans une position qui, tout en compromettant son avenir, compromettait aussi et plus encore sa santé.

On résolut de le faire voyager ; on le fit passer en Amérique. Adressé à un ami de la famille, riche propriétaire à Saint-Domingue, c'est là qu'il passa plusieurs années (vingt années de sa jeunesse).

D'abord sans emploi, sans position fixe, il se chargea de la direction de l'habitation de l'ami auquel il avait été adressé. Bientôt, il acquit dans ces travaux, qui convenaient à son caractère, une expérience qui fit qu'en peu de temps il changea du tout au tout l'exploitation et le produit de cette habitation ; ses relations et son influence s'étendirent dans la colonie.

Après quelques années, il était un des hommes considérables du pays. C'est alors qu'il fit à Saint-Domingue un mariage qui lui donnait toutes les chances humainement probables de bonheur et de fortune, mais les événements vinrent renverser ces beaux rêves d'avenir.

Nous devons ici dire un mot de la sainte et digne compagne de sa vie.

Mme Garnot était une demoiselle Castaing, veuve d'un premier mariage dont elle avait eu un enfant ; c'était une femme forte, énergique, à idées grandes et généreuses. Elle gémissait du sort malheureux que généralement on faisait aux pauvres esclaves ; aussi elle s'attendait et prévoyait de leur part un mouvement qui, grossi par la colère amassée depuis des siècles, devait être terrible. Autant qu'il était en elle, elle avait, sur son habitation, tâché de conjurer l'orage le plus possible ; ses esclaves étaient pour elle des hommes, et bien secondée en cela par le respectable M. Garnot, son mari. Ils étaient parvenus à se faire chérir et adorer par tous les esclaves attachés à leur habitation ; si pour eux ils étaient de bons maîtres, ils trouvaient en eux un attachement dont ils leur ont donné une grande preuve.

La révolution éclata ; furieuse, elle se répandit sur la colonie, en marquant partout son passage par le meurtre, le pillage et l'incendie. M. Garnot fit partir sa famille ; mais où aller ? en France aussi l'hydre révolutionnaire avait déployé ses ailes. Cependant c'est vers la mère-patrie que M. Garnot expédia sa famille ; là, pour elle, il y avait encore, je ne dirai pas plus de chances d'avenir, mais au moins, moins de chances de danger qu'en restant à Haïti, où les blancs étaient cruellement traités, sacrifiés par les noirs révoltés qui se vengeaient en un jour de tous les mauvais traitements du passé.

La famille de Mme Garnot se composait de son frère, M. Castaing, l'aîné de la famille, et de ses trois enfants, de sa sœur, Mme Robequin, qui, venant en France, y retrouvait ses deux jeunes filles, qui étaient en pension à Bordeaux.

Resté seul en Amérique, M. Garnot ne voulut pas abandonner le poste qu'il occupait, malgré les dangers attachés à son séjour, tant que sa présence pouvait être nécessaire. Ce n'est que quand, chargé de l'honorable mandat de re-représenter ses concitoyens, il quitta, pour n'y plus revenir, le pays où il avait trouvé le bonheur et où il laissait tous ses projets d'avenir, car, comme tous les colons, il se trouvait complétement ruiné et sans ressource ; en effet, les terres qu'il possédait, dépouillées des esclaves qui en faisaient seuls le produit, devenaient sans valeur aucune.

Dès le commencement du mouvement révolutionnaire, M. Garnot en prévit et en calcula les gigantesques proportions ; il ne voulut pas les accroître par une résistance inutile, il fut le premier à affranchir ses esclaves. Mais ils lui donnèrent un grand exemple de dévouement, qui fait voir que si les maîtres avaient voulu être pour leurs esclaves bons et paternels, ils auraient pu conjurer l'orage ; mais, malheureusement pour eux, les esclaves n'étaient pas des hommes, c'étaient des animaux attachés à leurs habitations, dont ils disposaient selon leurs caprices, selon leurs fantaisies souvent injustes et cruelles, sans se douter que dans ces poitrines battaient des cœurs humains, au fond desquels s'étaient amassées de furieuses colères, au souvenir non pas seulement des mauvais traitements qu'ils avaient éprouvés, mais encore et plus des cruelles humiliations qu'ils avaient subies, et surtout de leurs affections qui, sans pitié, sans raison, étaient tous les jours cruellement sacrifiées.

Après l'affranchissement de ses esclaves, aucun ne voulut le quitter; ils se souvinrent que pour eux il avait été plutôt un père qu'un maître; ils restèrent avec lui, l'entourèrent de leurs soins, de leurs prévenances, comme au temps de leur servitude; ils le protégèrent par leur présence et par leur attitude contre toute agression d'esclaves étrangers. Aussi seul de figure blanche au milieu de toutes ces figures noires, seul au milieu de cette furieuse révolution, qui, tout à l'entour de lui allumait de vastes incendies et répandait partout la mort et le carnage, il fut toujours aimé et respecté, et jamais n'eut à courir le moindre danger personnel.

Elu député à à la Convention nationale, il s'embarqua pour la France; alors il ne pouvait plus être utile à la colonie, et à la métropole il pouvait encore la servir, tous ses anciens esclaves l'accompagnèrent jusqu'au vaisseau qui devaient l'emporter; plusieurs même, contre sa volonté, s'embarquèrent avec lui. De ce nombre était une négresse, qui l'a suivi jusqu'à Châtillon, et est morte en 1837.

Le vaisseau qui le portait fit naufrage, de sorte qu'il ne put prendre à la Convention la place qui l'attendait qu'à la fin de messidor, quelques jours seulement avant la chute de Robespierre.

Ainsi, étranger à tous les grands actes et tous les déplorables excès qui ont ensanglanté cette malheureuse époque, on ne peut lui rien reprocher.

Cependant plus tard, mais n'anticipons pas, on prit texte de là pour le sacrifier dans sa position.

Pendant qu'il était député à la Convention, il fut nommé maire du 1er arrondissement de Paris; il exerça ces honorobles et hautes fonctions pendant dix-huit mois ou deux ans peut-être.

Comme nous l'avons dit, M. Garnot, en rentrant en France, s'y était retrouvé sans ressources; car il avait laissé à Haïti les débris de toute sa fortune engloutis par la révolution, qui dévorait ce malheureux pays. A force d'économies et de privations relatives, lui et sa digne épouse, qui avaient été habitués au luxe et à l'abondance, trouvèrent de quoi suffire non pas seulement à leurs besoins propres, mais encore à ceux de la famille de sa femme, dans le modeste traitement de représentant, jusqu'à ce que ses deux beaux-frères eussent trouvé un emploi qui les mît à même de se suffire à eux-mêmes. Pour M. Robequin, ce ne fut pas long, lui, qui était militaire, trouva bien vite à rentrer dans l'armée ; mais c'était plus difficile pour M. Castaing. Cependant ce dernier, introduit dans la famille de Beauharnais, se fit aimer et épousa Madame de Beauharnais, épouse divorcée de M. le marquis de Beauharnais, alors émigré. Cette dame de Beauharnais était la cousine germaine et la belle-sœur de M. de Beauharnais, premier mari de Joséphine ; c'était la mère de l'intéressante Madame de la Valette, l'héroïne du siècle, qui, elle aussi, presque élevée en famille chez M. Garnot, a toujours conservé une vive et bien tendre amitié pour M. Garnot, qu'elle appelait son bon oncle.

M. Garnot poursuivit la carrière législative jusqu'au moment où les colonies cessèrent d'être représentées. Alors son avenir politique fut brisé ; il ne put occuper au conseil des anciens le siége auquel il avait été élu à l'unanimité par l'assemblée électorale du départemend du Sud à Haïti. Nous avons sous les yeux la lettre que le président de cette assemblée lui écrivait le 30 prairial an VII pour lui faire connaître cette honorable élection.

Privé de toute autre ressource, et d'ailleurs jeune et vigoureux encore, il pouvait être utile à son pays dans la carrière des emplois publics. Alors on organisait régulièrement l'administration de la loterie; il sollicita et obtint la place d'administrateur à Bordeaux. Il préféra ce poste à tout autre, parce qu'il espérait là être plus à même, que partout ailleurs, d'avoir des nouvelles d'Haïti, pays où il avait laissé tant d'intérêts, tant et de si vives sympathies.

Dans ce poste important, qu'il occupa jusqu'à la restauration, il déploya son esprit d'ordre, de désintéressement et de sévère probité qui faisait le fond de son caractère. Bon, mais justement sévère pour tous les employés sous ses ordres, il était pour eux un père qu'ils aimèrent, et ils gardèrent bon souvenir longtemps après qu'il les eût quittés.

Sa vie à Bordeaux fut paisible; rien de bien saillant ne vint la marquer.

En arrivant à la Convention et pendant tout le temps qu'il y passa, M. Garnot avait retrouvé la plupart de ses compagnons d'étude, il était lié particulièrement avec Merlin de Douai, Thuriot, ses compatriotes, enfants de Sézanne comme lui, le général Dumas, père de notre célèbre romancier, M. d'Hauterive et un grand nombre de notabilités du jour, il les a presque toutes connues.

A son arrivée à Paris, ne connaissant qu'imparfaitement ce qui se passait en France, il voulut savoir sur quel terrain il marchait, il s'adressa à son camarade Thuriot pour lui demander s'il devait faire une visite à Robespierre, qui alors avait tout le pouvoir : *Garde-t'en bien, lui répondit Thuriot, le J... f..... n'en a pas pour un mois!* Ce sage avertissement fut qu'il n'eut jamais aucun rapport avec Robespierre, et qu'il ne le vit qu'à l'assemblée.

Il est mille autres incidents de sa vie, que nous pourrions citer, mais nous nous écarterions du cercle que nous nous sommes tracé, nous revenons au moment où nous l'avons laissé, occupant la place d'administrateur de la loterie à Bordeaux.

Comme nous l'avons dit, il était aimé et chéri de tous ses employés, qui le considéraient comme un père; d'un autre côté, il jouissait auprès de ses collégues du conseil d'administration à Paris, qui tous étaient ses amis, de la plus haute influence et d'une légitime considération, aussi, il était sûr de ne jamais être tracassé dans sa position, il fallait une révolution pour la lui enlever.

C'est ce qui arriva ; la restauration, je ne dirai pas ses ennemis, car il n'en avait pas et ne pouvait en avoir, les envieux de sa place aidant, vint briser sa position, il fut mis à la retraite sans égard pour les services qu'il avait rendus, sans égard pour les vives réclamations que faisaient ses collégues du conseil d'administration, il fut sacrifié, parce qu'il etait impossible de conserver en place un conventionnel, parce que disait-on bien bas, car c'était si absurde qu'on n'osait le dire tout haut, il avait voté la mort du roi, quand il était facile, en ouvrant les registres de la convention, de vérifier qu'il n'avait occupé son siége que dix-huit mois après ce terrible événement.

Mais il y avait dans cette mesure un autre motif qu'on ne disait pas, c'est que le mariage de son beau-frère avec madame de Bauharnais, lui avait créé dans cette famille et dans tout l'entourage de l'impératrice Joséphine, des relations qui l'avaient mis à même de se faire aimer et apprécier de toute cette illustre famille.

L'impératrice elle-même, et la reine Hortense en particulier, qui, pendant qu'il habitait Paris, était souvent venu chez lui avec sa cousine Émilie de Bauharnais, depuis madame de Lavalette, avaient pour lui une estime toute particulière. Plusieurs fois, Joséphine avait voulu le faire changer de position, elle voulait l'attacher à son mari, alors qu'il n'était encore que général en chef, Bonaparte avait voulu le prendre comme son secrétaire particulier, mais à ce moment il partait pour la campagne d'Égypte, M. Garnot aurait été obligé de s'embarquer, et de laisser à Paris sa famille sans ressources, par dévoument pour elle il n'accepta pas, mais le général Bonaparte ne voulut pas partir sans solliciter pour lui, auprès du directoire, la place d'administrateur des Domaines et de l'Enregistrement.

Malgré la recommandation du général Bonaparte, malgré la promesse que son ami Merlin, membre du directoire, lui avait faite, il ne fut pas nommé.

Tout cela a paru à la restauration suffisant pour qu'il fut nécessaire de se débarrasser de lui.

Se trouvant sans place, il revint habiter Sézanne, son pays, il y attira ses deux beaux-frères qui, en même temps que lui, avaient perdu leurs places, M. Casting, celle de directeur du parc impérial de constructions de Sampigny, M. Robquin, colonel de gendarmerie.

Voilà donc les trois beaux-frères et leur famille réunis à Sézanne, y vivant tranquilles et heureux de la vie de famille, jusqu'au moment où la mort, en 1823, vint enlever madame Casting, la mère de madame de Lavalette, et quelque temps après madame Garnot.

La mort de madame Garnot fut pour son mari une peine immense, qui faillit l'emporter, mais la force de sa constitution le sauva.

Monsieur et madame Garnot n'eurent point d'enfants, comme tous deux avec leurs cœurs aimants, avaient besoin d'une grande affection, ils adoptèrent leur petite nièce, et toutes leurs affections, tout leur amour se portèrent sur elle.

M. Garnot, au physique et au moral, était un homme extraordinaire, il était de la forte trempe de ces hommes d'acier que le siècle dernier a produit si abondamment. Il conserva jusqu'à la fin toutes ses facultés, toute sa mémoire, il aimait beaucoup à raconter les épisodes de sa vie, il racontait bien, avec esprit, aussi jamais on ne se lassait de l'entendre, surtout quand il racontait et disait son appréciation sur les hommes marquants de son époque, qu'il avait tous connus; enfin, il était une véritable biographie vivante, curieuse et intéressante, surtout par la manière fine et spirituelle avec laquelle il parlait de ses contemporains.

Nous ne pouvons résister à la tentation de vous raconter quelques-uns des épisodes de sa vie :

Le bâtiment qui l'apportait en France, pour venir prendre son siége à la convention, relâcha à New-York, la ville était remplie d'étrangers, qui souvent en troublaient la tranquillité, à la vue d'un bâtiment venant d'Haïti, et sachant que ce bâtiment portait un député à la convention, ces étrangers, parmi lesquels se trouvaient beaucoup de Français, firent un mauvais parti à l'équipage, ils s'emparèrent de M. Garnot, voulurent le pendre, ainsi que deux de ses collègues qui étaient avec lui ; déjà, ils avaient la corde au cou, mais heureusement la corde était trop grosse, plus heureusement encore, le capitaine Dermoncourt, qui depuis est devenu général, et qui commandait la garde de l'Ambassadeur, vint à la tête des hommes qu'il put rassembler, retirer ces messieurs des mains de ces forcenés, il les conduisit à l'hôtel de l'ambassade où ils trouvèrent un abri.

A quelques années de là, pendant qu'il était maire du 1er arrondissement de Paris, se présenta chez lui un monsieur qui venait demander son appui, sa recommandation, M. Garnot, avec son regard d'aigle qui ne le trompait jamais, examina ce monsieur, et reconnut en lui un de ceux qui avaient voulu le pendre à New-York; après plusieurs questions il s'assura qu'il ne s'était point trompé, alors M. Garnot lui rappela les circonstances de cette affaire, se fit connaître à lui, et lui dit : — Je veux bien ne rien faire contre vous, mais en conscience je ne puis attester la moralité de votre conduite pendant votre absence. — Comme bien vous pensez, ce monsieur n'en demanda pas d'avantage, il se retira, c'est là la seule vengeance que le bon M. Garnot voulut en tirer.

En 1824, lorsque les députés d'Haïti vinrent en France pour traiter de l'émancipation de la colonie, ils allèrent à Sézanne voir M. Granot, ils l'emmenèrent avec eux à Paris, et firent auprès de lui mille et mille instances pour le décider à aller avec eux à Haïti : — Venez avec nous, lui disaient-ils, venez! votre mémoire et votre nom ont encore une influence immense dans le pays, vous lui avez rendu tant de services qu'il n'a rien à vous refuser; venez-y passer quelques temps, vous y referez en partie votre fortune et ensuite, vous reviendrez en France retrouver votre fille d'adoption? — Comme madame Garnot était morte, si sa pupille avait été mariée, il se serait décidé, mais il n'a pas voulu abandonner celle qu'il avait adopté pour sa fille.

Pendant que M. Garnot était chez ces messieurs, à Paris, il lui arriva une singulière aventure; on annonça le colonel Bekly, ce monsieur est introduit; dans la conversation, après plusieurs questions, M. Garnot lui dit : — Colonel, vous êtes originaire d'Haïti, votre nom n'est pas Bekly, mais Beakelay, votre famille habitait la grande rivière où elle avait une propriété importante, votre mère était une demoiselle Castaing; savez-vous ce qu'est devenue votre famille, et comment vous trouvez-vous en France ? Le colonel lui répondit : — J'avais neuf ans lorsque la révolution éclata, toute ma famille a été massacrée, il ne reste que moi, jeté je ne sais comment sur un bâtiment; arrivé en France, je fus recueilli par un correspondant de mon père, qui me fit faire mes études, ensuite je m'engageai et je suis devenu colonel, mais je suis le seul de ma famille qui n'ait pas péri. —

Vous vous trompez, lui dit M. Garnot, vous avez encore trois oncles, qui tous trois sont retirés à Sézanne, et je suis un de ces trois. — Il se fit connaître au colonel, lui donna des renseignements sur sa famille, et Bekly, qui, en entrant dans le salon, se croyait seul sur la terre, en est sorti après en avoir retrouvé une famille; aussi comme il prenait sa retraite en ce moment, il se retira à Sézanne auprès de ses parents, si miraculeusement retrouvés.

L'honorable M. Garnot a terminé sa longue et laborieuse carrière le 28 janvier 1848, dans sa 91e année, à Chatillon-sur-Marne, dans les bras d'une famille qu'il adorait et dont il faisait le bonheur, et laissant un nom justement vénéré et une mémoire qui bravera la marche du temps.

Léonie Perraud.

Mai 1851.

www.ingramcontent.com/pod-product-compliance
Lightning Source LLC
Chambersburg PA
CBHW061530040426
42450CB00008B/1865